Die Auswanderer

Peter Butschkow

Je älter man wird, desto komischer werden die anderen

Cartoons und Texte

LAPPAN

Liebe Leserin, lieber Leser!

„Darüber macht man keine Witze“, dieser Satz des deutschen Ministers für Humor und Befindlichkeit gilt in unserem Land immer noch als Maßstab für Anstand und Würde. Explizit beim heiklen Thema „Alter“, also einem biologischen Prozess mit anschwellend negativen Begleiterscheinungen bis hin zum Exitus, gilt das umso mehr. Sollte somit der folgende Humor, teils in gezeichneter, teils geschriebener Form, irgendjemanden kränken, verletzen oder manch derber Umgangston gar schockieren, so möchte ich mich schon jetzt dafür in aller Form entschuldigen. Unsere immer reizbarere Gesellschaft bewegt mich zu diesem Schritt, zumal der Humor in Form eines altmodischen Buches wie diesem, der Userin/dem Usern keine spontane digitale Möglichkeit bietet, um den Autor mit Hass (Hate) und Verwünschungen (Shitstorm) abzustrafen.

Als kleines Signal in die zeitgemäße Richtung biete ich eine Bewertungsskala, die mit einem handelsüblichen Kugelschreiber angekreuzt werden kann.

☆ ☆ ☆ ☆ ☆

Ich interessiere mich für einen Sehtest.

Kaffeedose?
Ein Behälter zur Aufbewahrung von Kaffeebohnen.
BUTSCHKOW

Ich liebe meinen vollmundigen 70er Michel Merlot! Sanft im Charakter, stark im Abgang.
Meine Rede. Die reifen Kerle sind die Besten!
BUTSCHKOW

Hast du Testament, Patientenverfügung und Vorsorgevollmacht?
Ich hab Einzugsermächtigung.
BUTSCHKOW

Maria Almgruber (62), Influencerin

Ich scheiß auf Online-Banking!
Nur Park-Banking!
BUTSCHKOW

Altenresidenz Goldener Herbst
Wo solls denn hingehen, Frau Krause?
Erst mal zum Vorglühen!

Ist das immer noch Mittagsschlaf oder ziehst du durch?

Das Signal

Ich mähte gerade den Rasen, da sprach mich Frau Hansen, meine verwitwete, ältere Nachbarin darauf an, dass sie sich große Sorgen mache, weil: „Es kann ja immer mal was passieren." Letztens wäre eine 82-jährige Freundin von ihr im Bad gestürzt und hätte zwei Tage mit gebrochenem Oberschenkel, ohne Wasser und Brot, auf den kalten Fliesen gelegen, bis sie von ihrer Enkeltochter zufällig gefunden wurde. „Die arme Frau, das ist ja furchtbar", sagte ich betroffen. „Könnten Sie vielleicht ab und zu mal nach mir schauen?", fragte mich Frau Hansen und schlug vor: „Wenn meine Vorhänge im Schlafzimmer bis 9:30 Uhr nicht aufgezogen sind, dann ist was nicht in Ordnung. Wollen wir uns darauf einigen?" Ich antwortete: „Gute Idee, so machen wir das. Sie können sich auf mich verlassen." Frau Hansen war sehr beruhigt. Nach drei Monaten schaute ich an einem Samstagmittag, etwas später als sonst, zu ihrem Haus herüber und sah mit Entsetzen, dass ihre Vorhänge noch zugezogen waren. Nach einer Viertelstunde rückten Polizei, Feuerwehr, Notarzt, das Technische Hilfswerk, ein Sprengfallensuchtrupp, ein Rettungshubschrauber und, für den Fall einer Geiselnahme, das SEK an. Die Einheit stürmt das Haus und sichert dem Bereitschaftsarzt den Zugang zur Zielperson. Sanitäter tragen die festgeschnallte, medizinisch notversorgte Frau auf der Trage zum Krankentransporter und fliegen sie in die nächstgelegene Klinik. Stunden später klopfte eine putzmuntere Frau Hansen an meine Tür und gestand mir, sie hätte den Notfall nur vorgetäuscht. „Ich wollte nur mal prüfen, ob Sie wachsam sind. Test bestanden", sagte sie und überreichte mir einen frisch gebackenen Marmorkuchen.

Tzorri! Ei känn nur Deutsch. Känn ei kam wok in?
Click & meet
Call & meet
Support your locals
Window shopping
Feeling free and easy
Click & more
sweet and crispy
Come and go
BURCHKOW

Ham Sie was gegen senile Bettflucht?
BUTSCHKOW

Haben Sie geraucht oder getrunken?
Wer will das wissen?
BURCHKOW

Das soll laut sein? Hättet ihr mal hören sollen, was wir damals für'n Krach gemacht haben!!

Ich bin deprimiert.
Dann feil doch ein bisschen an deiner Grabrede!
BUTSCHKOW

Es fährt ein der ICE-Viagra von Berlin nach Hamburg!
Der bleibt doch wieder überall stehen.

Alte, weiße Frauen

Wow! Hier lebt der greise Batman?
Batpfannen! Batpfannen! Schöne Batpfannen!
Eingang
BUTSCHKOW

Muttersöhnchen

Lenny, den Sohn einer befreundeten Familie, kannte ich noch als dürres Muttersöhnchen, als ich ihn gestern nach langer Zeit vor einer Eisdiele zusammen mit seiner Freundin wiedertraf. „Hey Lenny, du?“, fragte ich ungläubig. Vor mir stand ein Schrank. Ich war sprachlos. Er sah es mir an. Seine gebräunten Muskeln drängten sich wie Bergmassive aus seinem schwarzen Muskelshirt. „Muckibude“, sagte er augenzwinkernd. „Boah“, stöhnte ich. Früher trainierten Männer und Frauen ihre Körper noch in alltäglichen Challenges, hackten Holz, trugen Kohlen in die Wohnung, zerlegten das Wild, schleppten Getränke und Kartoffeln vom Markt, schrubbten die Wäsche im Zuber und die Kinder in der Wanne, heute stählt man sich stattdessen in Fitness-Tempeln und Bodystudios. Diese körperliche Ersatzbefriedigung stammt aus den USA, woher sonst? Die Köpfe der amerikanischen Männer wurden auf einmal immer kleiner, ruhten mittig wie Murmeln auf prallem Muskelfleisch und ihre Körper spitzen sich nach unten hin wie ein V konisch zu. Solche humanen Boliden spielen heutzutage die Hauptrollen in den Action-Fließbandproduktionen Hollywoods. Nun also stand so einer vor mir. Sie, Typ Influencerin, fühlte sich im Schatten ihres Freundes spürbar beschützt und geborgen, auch ich konnte ihn mir gut als Bodyguard vorstellen, der mich durch dunkle Straßen begleitet. Während beide über die Auswahl ihrer Eissorten diskutierten - er wollte drei Kugeln Drachenblut, sie zwei Mal Versace – schaute ich auf seine drallen Waden und sein pralles Gesäß und entdeckte dann ein Tattoo auf seiner linken Unterarmkeule, ein großes Herz, in dem „miss you, mom“ stand.

Zahlen Sie bar oder mit Bitchcoin?
BUBLAKOW

Sexismus in der Altenresidenz Golden Final

Die blaue Lagune

Deutsche Rentner auf Malle

...und jetzt hält der Bundespräsident eine Lobrede auf alle Pflegerinnen und Pfleger.
Ludmilla! Schenk noch mal ein!!

Oma!
Du musst deinen
Code eingeben!
Waaas?!
Ich geb doch nicht
meinen Kot ein!!
BUTSCHKOW

Old Star-Band

Dein Freund ist Hacker? Das trifft sich gut!
BUTSCHKOW

BioNTech
oder AstraZeneca?
Domrep!
BUTSCHKOW

Altenyoga

Elite Partner?
Hast du doch!
BUTSCHKOW

Eitelkeit

Alle Menschen haben zwei Seiten, eine hässliche und eine schöne, letztere auch bekannt unter dem Begriff „Schokoladenseite". Porträt- und Hochzeitsfotografen kannten die nur zu gut, durften sie doch unter allen Umständen die Anwesenden nur von dieser besagten Seite ablichten, sonst wollte keiner die Fotos haben. Fanden sie keine Schokoladenseite, durften sie mit Retusche nachhelfen, d. h. ausflecken, verkleinern, verkürzen oder vergrößern. Aus der Ente wurde ein Schwan, aus dem Esel ein Lipizzaner. Nun leidet auch diese Berufsgruppe unter den digitalen Veränderungen, jeder macht mit seinem Handy selbst seine Fotos, korrigiert sie per Fotobearbeitung und stellt sie selbstverliebt ins Netz. Die Welt soll sie/ihn am Strand, auf der Skipiste, im Garten, beim Kuchenbacken, beim Abendessen, im Konzert, im Kanu, mit Schamhaarrasierer, neuem E-Scooter oder in der Hundeschule sehen. Ich erkenne meine alten Freundinnen/Freunde und Bekannten in den sozialen Netzwerken kaum mehr wieder. Selbst die trübsten Funzeln sind auf einmal sexy, die blassesten Vögel plötzlich bunt. Neue Fett- und Faltenlosigkeit löst im Netz einen wahren Lovestorm aus: „Ein Traum", „Du siehst super aus", „Hast dich ja üüüüberhaupt nicht verändert, „Du Schnuckel" oder „Oh my God, bist du hübsch". Irgendwie habe ich auch den Eindruck, dass die Menschen im World Wide Wonderland inzwischen alle gleich aussehen. Ich kämpfte täglich unrasiert, ungesalbt und mit ungekämmten Haaren dagegen an, seit heute allerdings bin ich wieder im gepflegten Modus. Eine 76-jährige Facebookfreundin fand mich nämlich „hammergeil!"

Sie müssen mehr trinken!
Meine Frau sagt genau das Gegenteil.
BUTSCHKOW

Derjenige, der Gutes über den Verstorbenen sagen will, möge sich melden!

Ich hab in meiner Ehe bestimmt fünftausend Mal die Spülmaschine ausgeräumt und zehntausend Mal "Das Essen ist fertig!" gerufen.
Schön blöd.
BUTSCHKOW

Und, junges Frollein? Wo schauen wir vor dem Rechtsabbiegen zuerst hin?
Aufs Handy!
FAHRSCHULE
FAHRSCHULE
BUTSCHKOW

Zum Frühstück genieße ich Assam, am Nachmittag Darjeeling.
Mir reicht mein Felix!

1954. Die Umkleidekabine der Deutschen Nationalmannschaft.

Hast 'ne Pflegeversicherung?
Susanne!
BUTSCHKOW

Deutsche Rentner in Asien

Die Qual der Wahl

An meinem Auto klappert etwas, ich rufe meine Autowerkstatt an und höre „What A Wonderful World“. Ich hatte nicht nach Musik verlangt und tanzen wollte ich auch nicht. Da! Eine Männerstimme klärt mich über Leasingmöglichkeiten auf. Ich will weder ein Auto leasen noch Kaufangebote bekommen und brülle: „Verpiss dich, Arschgeige!“ Solche Aufdringlichkeiten machen mich vulgär. Wer gequält wird, schlägt halt zurück. Weiter geht´s: „... I see trees of green, red roses too ...“, da ist er schon wieder mit Vergünstigungen für Elektroautos. Ich will auch kein Elektroauto. „Halt doch dein blödes Maul!“, raunze ich und vernehme „... I see skies of blue and clouds of white ...“ Ha! Eine reale Frauenstimme! Ob sie mir helfen kann? Aber ja! Erleichtert erkläre ich der Dame meinen Fall, sie will mich verbinden. Ich warte. „... the colors of the rainbow, so pretty in the sky ...“, da ist er schon wieder: „Kennen Sie schon unser attraktives Gebrauchtwagenangebot?“ „Ich pfeif drauf!“, antworte ich. „... I see friends shaking hands, saying „How do you do? ...“ – bumms, wieder dieser Kerl: „Gerne können Sie mit uns einen Termin für eine unverbindliche Probefahrt machen.“ Ich fauche: „Fick dich ins Knie.“ Na, ist doch wahr, geht´s noch? Endlich, die freundliche Frau meldet sich wieder: „Ich verbinde Sie jetzt mit der Serviceabteilung.“ Ich antworte: „Das ist ganz, ganz lieb von Ihnen. „... I hear babies cry, I watch them grow ...“ Nein!! Er wieder: „Kennen Sie schon unsere All-Inclusive-Versicherung?“, „Schieb sie dir sonst wohin!“, brülle ich. „... and I think to myself, what a wonderful world.“ Aber nicht in der Warteschleife.

Naa?
Hast'n ohne
Navi gefunden?
BUTSCHKOW

Stell dir vor, gestern ist Hans tot vom Ast gefallen.
Nein!? Wir haben doch letzte Woche noch einen gezwitschert.

Hoch Jens!!
Ach? Macht ihr wieder Homedrunking?
BURCHKOW

Kuck ma!
Oma kann
nicht schlafen!
BUTSCHKOW

Neues Genderbewusstsein erreicht die Kanzeln

Meine Brille ist unsauber!
Willst jetzt kacken oder lesen?
BUTSCHKOW

Zeugen Jehovas? Lächerlich! Wir waren Zeugen Jimi Hendrix!
Erwachet
BUTSCHKOW

Ich kann mir gar nicht vorstellen, dass ich früher mal gearbeitet habe!

Lebensfrohe, rüstige
60-jährige mit Hundeallergie
sucht humorvollen Partner...
BUTSCHKOW

Paar Chip

Brot und Fernsehen

Gebt ihnen ein leckeres Ciabatta und einen Platz im Kolosseum, schon sind sie glücklich, das wussten schon die alten Römer. Heute haben wir dafür Fußballstadien und das Fernsehen, wo ständig „Superstars", „Supermodels", „Superdancer", „Superköche" oder „Super-Ninjas" gekürt werden, wo Bachelors um willige Weibchen und Bacheloretten um scharfe Männchen buhlen, wo Bauern ein Schweinchen und Bäuerinnen eine Sau suchen. Die Kamera begleitet sie alle, die Auswanderer und Einwanderer, Gerichtsvollzieher und Kammerjäger, Zivilstreifen und Rollkommandos, Goldsucher und Erbschleicher, Häuslebauer und Nestbeschmutzer, chronisch Verstopfte und latent Inkontinente, sie filmt Operationen, Geburten, Unfälle, Tote, Halbtote, Taubenzüchter, Hundetrainer, Bodytrainer, kraucht in die dunkelsten Nischen unserer Gesellschaft, zu Alkoholikern, Fettleibigen, Magersüchtigen, Depressiven, Drogenabhängigen, Hartz-Vierern, Minijobbern, Schwarzarbeitern und Heimbewohnern, zu all den Außenseitern, Verlierern, Verlorenen und Abgeschobenen unserer Gesellschaft. Voyeurismus und Häme im Schlaraffenland. Unser Fernsehen ist ein abgrundtiefer Schlund medialer Verkommenheit. Alle Moderatoren/innen, die leidlich vorlesen können, moderieren heute eine Quizshow. Als Kandidat/innen fungiert dominant das rastlos von Studio zu Studio eilende Rat-Pack Günter Jauch, Barbara Schöneberger und Thomas Gottschalk. Bereit? Dann hier die Frage: Wofür halten die deutschen Fernsehsender ihre Zuschauer? 1. für Einzeller, 2. für Primaten, 3. für simpel, 4. für evolutionären Schrott. Bis zu vier Antworten sind richtig. Nächste Woche „Sodom und Gomorrha: das Internet".

Verdammt! Ich hab den PIN für unseren Hauszugang vergessen!
Versuch doch mal 4711!?
BUTSCHKOW

Sach ma! Geht's noch?
Chill mal deine base, Digga!

Opa, ich hab'n Veganer kennengelernt.
Such dir lieber 'n ordentlichen Deutschen!

AfD-Opa

Die Jugend beherrscht immer weniger die Rechtschreibung

Coole Oma

Wie goldig.
Das Auto weiß sogar,
wie alt ich bin.
80
BUTSCHKOW

Früher haben wir nach dem Sex geraucht!
Boah! Ihr wart ja vielleicht heiß.
BUTSCHKOW

Hätten Sie Lust auf
ein One Minute Stand?
BUTSCHKOW

Völlig krank

Krankheiten sind gemein und böse, es wäre völlig sinnlos, ihnen Opfergaben zu bringen, sie mit hymnischen Liedern wohlgefällig zu stimmen oder ins Abendgebet mit einzubetten. Das hält sie weder auf noch lenkt es sie davon ab, gesund und brav Lebende perfide zu überfallen und Lasterhafte zu verschonen. Oder umgekehrt, je nach Lust und Laune. Wenn wir uns das bewusst machen, können wir uns diese Plagen zunutze machen, sie instrumentalisieren und listig mit ihnen spielen. Geschieht ihnen nur recht! Ich sehe beispielsweise nur noch, was ich sehen will, meine Augen werden schließlich schwächer. „Och, den habe ich gar nicht gesehen", ist meine Begründung, warum ich den schmutzigen Abwasch nicht bemerkt habe. Bei Anfragen, ob ich beim Umzug mit anpacken könnte, verweise ich auf meinen kaputten Rücken. Steuerzahlungstermine oder Rechnungen vergilben dank meiner Vergesslichkeit und wenn ich mich in die Hecke eines Vorgartens entleere, gebe ich meiner schwachen Blase die Schuld. Das zerrissene Knöllchen geht auf Kosten meines Tatterichs und den „Affenarsch!" schiebe ich auf mein Tourette-Syndrom, für meine Libido ist der hohe Blutdruck verantwortlich und nach der runtergefallenen Bananenschale kann ich mich wegen meiner Knie nicht bücken. Schlechte Küche verweigere ich wegen meines Cholesterinspiegels und den Bierkonsum definiere ich als verordnete Nierenspülung. Gestern meinte mein Hausarzt beim alljährlichen Gesundheitscheck, meine Leberwerte würden ihm nicht gefallen. Ich hab mich bedankt und bin fröhlich aus der Praxis. Hören tue ich nämlich auch schlecht.

Machen wir noch'n Soundcheck?
AC/DC
Hörgerate
BUTSCHKOW

Das soll'n Porno sein? Da hättest du mal die Damenunterwäscheseiten im Quelle-Katalog sehen sollen!
BUTSCHKOW

Warst du deinem Mann denn immer...
Schau mal!! Ein Schwarm Wildgänse!!
BUTSCHKOW

Alle 11 Sekunden betrügt ein alter Single auf Parship!

Wann stehst du eigentlich auf?
Nach'm Sex!
BUTSCHKOW

PENSION RITA
RENTE OLAF
BUTSCHKOW

Rasch! Schau mal auf der Pinkel-App nach dem nächsten WC !!
BUTSCHKOW

Die Hennen sind ja alt geworden.
Selber.
BURSCHKOW

Hat hier nicht einer wenigstens ein klitzekleines Wehwehchen?

Spielen wir wieder Knie gegen Hüfte?

Nein, danke

Du hast dich von Anfang an gegen alles versichert. Versicherungsvertreter hockten beflissen auf deinem Sofa, sie tranken deinen Kaffee und knusperten deine Kekse. Dein Tisch war voller Verträge, du hast sie alle unterschrieben. Den Kugelschreiber brachten sie gleich mit, du durftest ihn jedes Mal behalten. „Rundum sorglos“ stand drauf. Nichts konnte dir jetzt mehr etwas anhaben, dir nicht, ebenso wenig wie deinen Lieben. Kein Unfall, Vorfall, Überfall. Die Erde könnte sich unter dir auftun oder es könnte dir ein Komet auf den Kopf fallen – du wärst geschützt. Dachtest du. Aber dann war dein Unfall leider im falschen Land, der Vorfall zur falschen Zeit und der Überfall am falschen Ort. Die „Leider-Fälle“, sie stehen klein gedruckt in jeder guten Versicherungspolice und werden im Laufe der Zeit immer wieder „angepasst“. So nennen sie das. Du hast das natürlich alles nicht gelesen, sondern irgendwo in die Ecke geworfen. Selber Schuld. Andererseits die Frage, hättest du dir gemerkt, dass du nach zwanzig Uhr beim Verlassen eines über eintausend Quadratmeter großen Waldgrundstücks, bei der Verrichtung deiner Notdurft im Bett eines Baches, nicht gegen Forellenbiss versichert bist? Dass sie auch keine Haftung übernehmen, wenn dein Rasenroboter beim Nachbarn die Blumenbeete zerhackt? Na, siehst du. Du glaubtest dich also rundum sorglos versichert, bist ihrer Werbung auf den Leim gegangen – aber das ist nun vorbei. Du brauchst keine Versicherungen, Kredite, Vermögensanlagen oder sonstige weltweiten Investitionen mehr, du brauchst jetzt nur zwei coole Hüftgelenke und ein Paar krasse neue Knie – und dann mit deinen super Röntgenbildern ab in die Hängematte. C’est la vie.

My Wonder Woman!
BUTSCHKOW

Mein Arzt sagt, Selbstbefriedigung sei im Alter gut für die Prostata.
Na dann! Prostata!!
BURSCHKOW

Du sollst nicht immer diese Pflegeheim-Serien sehen, wenn du sie nicht verträgst!
BUTSCHKOW

ROLLING STONES
IN CONCERT 2035
SAAL
Zwei Plätze vorne, außen, nahe der Toilette.
BUTSCHKOW

Klaus war schon immer anders.
BUTSCHKOW

Sepp strickt sich gerade einen FC Bayern-Schal!
BUBUHKOW

Ich möcht 'ne Seebestattung.
Ich'n Bier!

Ich hab im Leben noch nie einen Menschen getroffen der zugab, dass er schlecht Auto fuhr, schlechten Sex oder Humor hatte!
Oder etwa Mundgeruch!
BUTSCHKOW

Alter, du langweilst!

...und plünderten und brandschatzten und schändeten das Weibsvolk! Man nannte mich nur Eric den Wilden!
Chrrr...

Steffi! Dein Alter aus Bochum!
Unser Pottgast ist da!

Machst du immer noch Sex, Schatz, oder sind das schon Rückenübungen?
BUTSCHKOW

Ausgeliefert

Ja, ich schäme mich furchtbar. Ich hab's getan. Einfach aus Bequemlichkeit, meinetwegen auch aus ökonomischen Gründen, wie auch immer, ich hab's getan. Es war die beste und sogar günstigste Sonnencreme im Test, so stand es im Magazin, und man bekäme sie bei dm. Diese Drogeriekette hat allerdings ihre nächsten Filialen in Husum oder Flensburg, beide Städte sind jeweils eine gute halbe Stunde Fahrzeit von meinem Dorf hinterm Deich entfernt. Wegen einer Tube Sonnencreme eine Stunde Auto fahren? Beim besten Willen, echt nicht. Es gibt ja noch Amazon. Klick, klick, klick – erledigt. Premium Versand, Lieferung morgen. Und dann fuhr doch wirklich am nächsten Tag – am Samstag, kurz nach 18 Uhr! – ein weißer Sprinter bei mir vor. Kurierdienst stand drauf. Mir fiel sofort die einstige Kampagne des DGB um den Kampf für ein freies Wochenende ein: „Am Samstag gehört Vati mir." Auweia. Ein freundlicher Kurierfahrer mit osteuropäischem Akzent überreichte mir an der Tür einen festen, braunen Umschlag: „Bitte unterschrifte hier." Ich hatte meine Sonnencreme. Unglaublich. „Nun machense aber mal schleunigst Feierabend", schickte ich ihm peinlich berührt und wohlmeinend hinterher. „Ich musste jetzt leider noch nach Ockholm", antwortete er. „Heiliger Strohsack, das ist ja die tiefste Pampa!", befand ich kopfschüttelnd. Er stieg in sein Auto und rief aus dem Fenster: „Da hat sich eine Frau Q-Tips bestellt!"

Die Amazone kommt mit deinen Blutdrucksenkern!

Ich werd alt! Ich vergesse immer, wo ich die Nüsse im Herbst vergraben hatte.
Welche Nüsse?
BURSCHKOW

Hast du noch Sex?
Schau mal im Kühlschrank!
BUTSCHKOW

Peter Butschkow, 1944 in Cottbus geboren, lebt seit mehr als 30 Jahren in Norddeutschland hinter dem Deich. Er veröffentlicht in diversen Zeitungen und Zeitschriften und ist Autor von über 150 Büchern und Kalendern.

www.butschkow.de

11. Auflage 2026

– Originalausgabe –

ISBN 978-3-8303-6382-8

Mit Fragen zur Produktsicherheit wenden Sie sich bitte an:
carlsen.de/kontakt

Text und Illustrationen: Peter Butschkow
Lektorat: Antje Haubner
Layout | Herstellung: Monika Swirski | Ralf Wagner
Covergestaltung: Monika Swirski

Mehr von Peter Butschkow bei LAPPAN

ISBN 978-3-8303-3676-1

ISBN 978-3-8303-6419-1

ISBN 978-3-8303-3741-6

ISBN 978-3-8303-4565-7

ISBN 978-3-8303-4566-4

ISBN 978-3-8303-4569-5

ISBN 978-3-8303-4538-1

ISBN 978-3-8303-4337-0

ISBN 978-3-8303-4433-9

ISBN 978-3-8303-4409-4